003A-5280

003B-5280

003C-5280

003D-5280

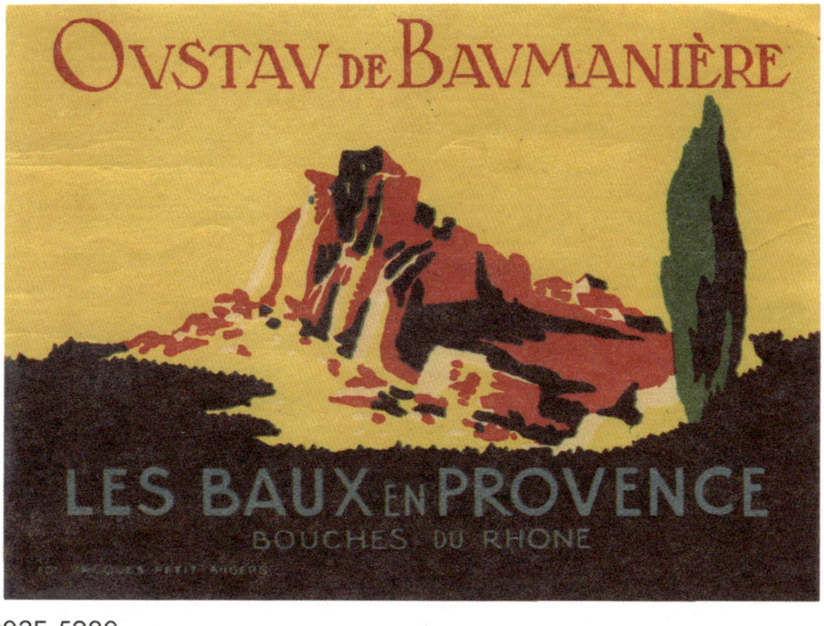

003E-5280

004A-5280

004B-5280

004C-5280

004D-5280

004E-5280

004F-5280

005A-5280

005B-5280

005C-5280

005D-5280

005E-5280

006A-5280

006B-5280

006C-5280

006D-5280

006E-5280

006F-5280

007A-5280

007B-5280

007C-5280

007D-5280

007E-5280

007F-5280

008A-5280

008B-5280

008C-5280

008D-5280

008E-5280

008F-5280

009A-5280

009B-5280

009C-5280

009D-5280

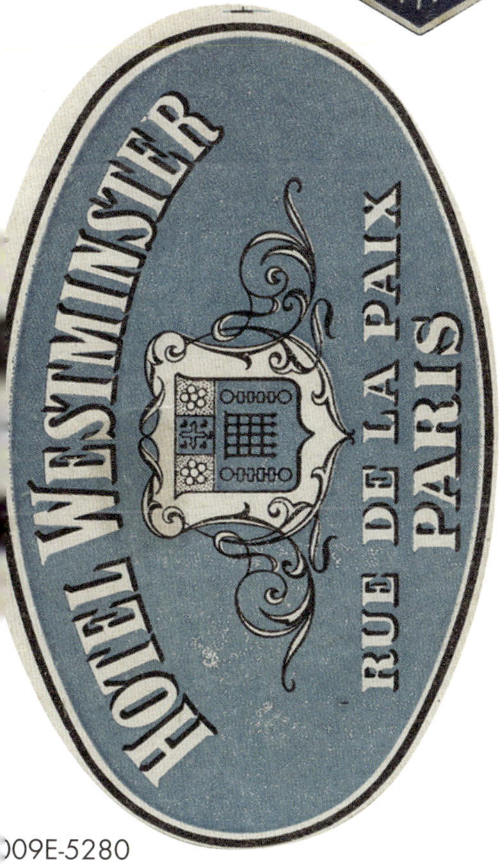

009E-5280

009F-5280

0010A-5280

0010B-5280

0010C-5280

0010D-5280

0010E-5280

0010G-5280

0010F-5280

0010H-5280

0011A-5280

0011B-5280

0011C-5280

0011D-5280

0011E-5280

0011F-5280

0011G-5280

0012A-5280

0012B-5280

0012C-5280

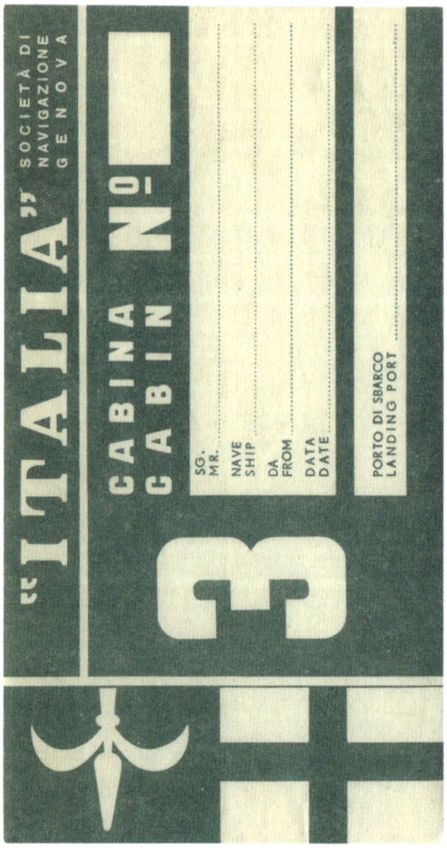

0012D-5280

0012E-5280

0013A-5280

0013B-5280

0013C-5280

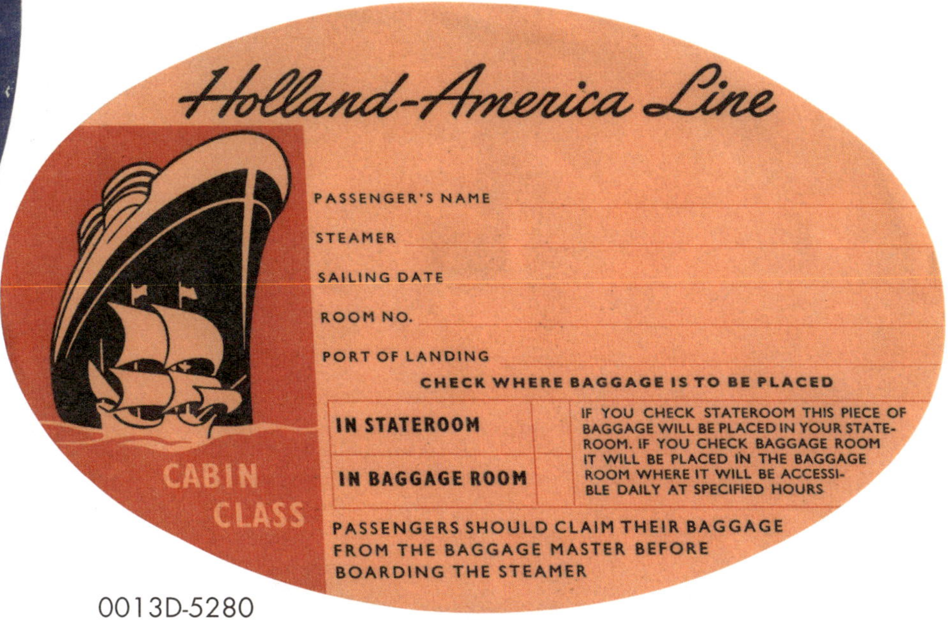

0013D-5280

0013E-5280

0013F-5280

0014A-5280

0014B-5280

0014C-5280

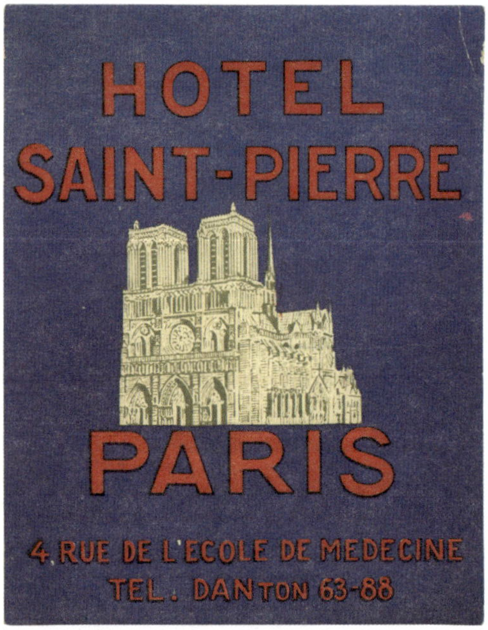

0014D-5280

0014E-5280

0014F-5280

0015A-5280

0015B-5280

0015C-5280

0015D-5280

0015E-5280

0015F-5280

0016A-5280

0016B-5280

0016C-5280

0016D-528

0016E-5280

0016F-5280

017A-5280

0017B-5280

0017C-5280

0017D-5280

0017E-5280

017F-5280

0017G-5280

0018A-5280

0018B-5280

0018C-5280

0018D-5280

0018E-5280

0018F-5280